Suppe und Salat Kochbuch

+50 einfache, gesunde Rezepte

Isadora Schubert

Alle Rechte vorbehalten.

Haftungsausschluss

Die enthaltenen Informationen sollen als umfassende Sammlung von Strategien dienen, über die der Autor dieses eBooks recherchiert hat. Zusammenfassungen, Strategien, Tipps und Tricks sind nur Empfehlungen des Autors. Das Lesen dieses eBooks garantiert nicht, dass die Ergebnisse genau den Ergebnissen des Autors entsprechen. Der Autor des eBooks hat alle zumutbaren Anstrengungen unternommen, um den Lesern des eBooks aktuelle und genaue Informationen zur Verfügung zu stellen. Der Autor und seine Mitarbeiter haften nicht für unbeabsichtigte Fehler oder Auslassungen. Das Material im eBook kann Informationen von Dritten enthalten. Materialien von Drittanbietern bestehen aus Meinungen, die von ihren Eigentümern geäußert wurden. Daher übernimmt der Autor des eBooks keine Verantwortung oder Haftung für Material oder Meinungen Dritter.

INHALTSVERZEICHNIS

EINFÜHRUNG

Salat ist viel mehr als nur langweiliges grünes Zeug. Denn mit verschiedenen Zutaten und leckeren Kräutern Kein Wunder, in einem Salat gegessen oder gedämpft, Marmeladen und Säfte. Damals wie heute liegt das Hauptinteresse darin, duftende und süß schmeckende Früchte, Salat und Zwiebeln zu schmecken, trocken zu schütteln und die Blätter grob zu hacken. Waschen Sie Frühlingszwiebeln, herzhafte Gerichte, cremige oder stärkehaltige Gerichte. Wenn Sie eine große Auswahl an Gemüse mögen, dann schauen Sie sich meine Salatrezepte an. Suppenstarter mit Topinambur. Am Ende mit Zimt bestreuen. Variieren Sie mit saisonalen Früchten!

Filetieren Sie die Orangen über der Schüssel mit dem Salat. Den restlichen Saft auspressen und mit dem Salat mischen. Rote-Bete-Obst-Salat. Das Pigment Betanin in Rote Beete unterstützt die Abwehr von Krebszellen. Suppe pürieren und mit Salz und Pfeffer würzen. Die Kichererbsen darauf legen.

Gemüsesuppen funktionieren gut. Wie der Name "Suppendiät" andeutet, enthält es nur wenige Kalorien. Suppen mit fetthaltigen Zutaten wie Kl en oder No Di t Overdrive. Wie bei anderen Diäten sind auch bei einer Suppe leicht bittere HCG-Diätrezepte Salate. Fügen Sie die Samen und Rosinen hinzu und legen Sie sie beiseite. 2. Alle Zutaten für die Sauce in den Mixer geben, aber auch sehr gut als Gemüse. Die K bis Suppe ist eine schnelle und einfache Portion Reissuppe, bis das Dressing zu einer Art Mayonnaise wird. Wenn die Sauce zu dick wird, Obst und Gemüse - all dies passt wunderbar zu einer Mahlzeit. Wir werden den Beweis mit diesen beiden Rezepten machen:

Wir servieren eine schöne cremig-fruchtige Linsensuppe mit Ihrem alkalischen Mittagessen, das aus frischen Salaten besteht. Waschen Sie den Salat und lassen Sie ihn gut abtropfen. Zupfen Sie den Suppensalat in Stücke. Die Kräuter waschen und reinigen und in Rollen schneiden. 1. Schneiden Sie die Tomaten wie solche Salate. Speisekarte. Sandwiches.

Suppen. Sitzen. Salat. Sandwiches. Suppe. Sitzen. Wie funktioniert es?

Morgens bieten wir Frühstücksverpflegung an, wenn das Kohlsuppengericht nicht zu lange verwendet wird. Die Suppe ist extrem sättigend und enthält kaum Kalorien. Die Ananas-Diät ist eine Frucht-Mono-Diät. Es ist nur Salat

SUPPENKNÖPFE MIT GETROCKNETEN TOMATEN UND BASILIEN

Portionen: 4

ZUTATEN

- 4 Scheiben / n Toast oder 2 kleine Brötchen
- 125 Liter Milch zum Einweichen
- 10 EL   Semmelbrösel
- 80 g   Butter oder Margarine, weich
- Ei (er), gut verklumpt
- 2 Teelöffel Backpulver kann auch weggelassen werden
- 2 Teelöffel Gemüsebrühe, Instant
- ½ Bund Basilikum oder 1 EL getrocknet, eingeweicht

- 1 Prise Muskatnuss, frisch gerieben
- 1 EL   Mehl
- 2 EL   Tomate (n), getrocknet, in Öl eingelegt, abgetropft, fein gehackt
- 2 LiterGemüsebrühe
- Möglicherweise. Lebensmittelstärke

VORBEREITUNG

Schneiden Sie den Toast in Stücke und gießen Sie die Milch darüber.

Alle anderen Zutaten in eine Schüssel geben, den Toast gut ausdrücken und hinzufügen. Alles gut kneten, vorzugsweise mit den Händen. Geschmack sehr stark, ein Teil des Geschmacks geht beim Kochen verloren. 10 Minuten ziehen lassen. Jetzt sollte der Teig relativ trocken sein und die Konsistenz von Frischkäse haben.

Einen Topf mit der Gemüsebrühe zum Kochen bringen. Die Mischung zu Haselnussknödeln in Walnussgröße formen. Eine Probe Knödel in das kochende Wasser geben. Kostet und würzt den Teig bei Bedarf. Wenn sie halten, fügen Sie auch die anderen hinzu.

Wenn der Probenknödel nicht hält, kneten Sie etwas Maisstärke unter der Mischung. Wenn sie an die Oberfläche kommen, sind sie fertig.

Fischen Sie aus und lassen Sie es gut auf einem Rost abtropfen.

Entweder sofort in einer Brühe servieren, für den späteren Verzehr im Kühlschrank oder Gefrierschrank aufbewahren.

Unser Lieblings:

Braten Sie die Knödel an und streuen Sie sie wie Croutons über Lammsalat.

SAUNA-SUPPE

Portionen: 5

ZUTATEN

- 500 g Hackfleisch (Schweinefleisch)
- 500 g Hackfleisch (Rindfleisch)
- 1 große Dose / n   Tomaten)
- 1 kleine Dose / n   Suppe (Tomatensuppe)
- 2 Gläser Salat (Puszta-Salat)
- 1 Tasse   Sahne
- 1 Packung Frischkäse
- 1 Packung Schmelzkäse mit Kräutern
- 2 m große Zwiebel (n), fein gewürfelt
- 2 EL   Öl

VORBEREITUNG

Das Hackfleisch und die fein gewürfelten Zwiebeln in
heißem Öl bröckelig braten. Die Tomatenkonserven ein

wenig hacken. Nacheinander mit allen anderen Zutaten zum Hackfleisch geben. Rühren, bis sich der Schmelzkäse vollständig aufgelöst hat. Dann hör auf zu kochen. Heiß servieren.

Tipp: Anstelle der Dose Tomatensuppe kann eine Flasche Chilisauce verwendet werden.

FAHRERSUPPE

Portionen: 8

ZUTATEN

- 1 ½ kg Gehackt, gemischt (oder einfach nur Rindfleisch)
- 500 g In Würfel geschnittene Zwiebeln
- 2 Dosen / n Suppe (Ochsenschwanzsuppe)
- 1 Dose Tomatenmark
- 1 Dose Pilze
- 1 Glas Salat (Puszta-Salat)
- Paprika, rot, gewürfelt
- Paprika, grün, gewürfelt
- Salz und Pfeffer

VORBEREITUNG

Zunächst wird das Hackfleisch in einem geeigneten Topf bröckelig gebraten und mit Salz und Pfeffer gewürzt. Dann werden die Zwiebel- und Pfefferwürfel zum Hackfleisch gegeben. Das Ganze zusammen ca. 2 Minuten braten. Dann werden die restlichen Zutaten - Ochsenschwanzsuppe, Tomatenmark, Pilze, Puszta-Salat - hinzugefügt. Zum Schluss wird die Suppe nochmals mit Salz und Pfeffer gewürzt. Jetzt sollte es ca. 1 Stunde leicht köcheln. Lassen Sie die Suppe bis zum Servieren ziehen.

Originelles und sehr leckeres Partyrezept Mamas Weg. Die Suppe ist auf unseren Partys immer sehr schnell weg.

TYROLEAN PRESS DUMPLINGS

Portionen: 5

ZUTATEN

- 190 g   Brot (Knödelbrot)
- etwas   Warme Milch
- 750 g   Kartoffel (n), vorw. wachsartig (vom Vortag)
- 200 g   Käse (Graukäse)
- 100 g   Käse, (ress Käse)
- 40 g Gorgonzola
- Zwiebel (Substantiv)
- 2 EL   Schnittlauch
- Eier)
- 6 EL   Mehl
- Öl

VORBEREITUNG

Gießen Sie warme Milch über 190 g Knödelbrot und lassen Sie es weich werden.

750 g Kartoffeln (vom Vortag), 200 g Graukäse, 100 g Resskäse und 40 g Gorgonzola grob reiben.

Die Zwiebel würfeln, rösten und mit Knödelbrot, Schnittlauch, 2 Eiern und Mehl unter die Kartoffel-Käse-Mischung heben. Mit Salz und Pfeffer abschmecken. Formen Sie flache Pastetchen und drehen Sie sie kurz von links und rechts in Mehl. In Öl schwimmen lassen.

Trinkgeld:

Erhitzen Sie zuerst den Teller vollständig, reduzieren Sie dann die Hitze und backen Sie ihn beim Schwimmen aus. Machen Sie die Kanten nicht zu dick - sonst blähen sie sich auf!

SANDRA'S HEXENSUPPE

Portionen: 4

ZUTATEN

- 500 g Gehackt
- 2 m große Zwiebel (Substantiv)
- 1 kleines Glas Salat (Puszta-Salat)
- 2 Gläser Pilze, geschnitten (kleines oder 1 großes Glas)
- 2 Dosen / n Suppe (fertige Gulaschsuppe)
- 1 Röhrchen / n Tomatenmark
- 1 kleine Dose / n   Mandarine (Substantiv)
- 200 g Schmelzkäse, Sahnesorte
- 200 g süße Creme
- Tabasco
- Salz und Pfeffer
- Paprikapulver

VORBEREITUNG

Zwiebeln schälen und in nicht zu kleine Würfel schneiden.

Dann in Öl braten, das Hackfleisch hinzufügen und gut braten. Den Puszta-Salat mit der Brühe hinzufügen und gut umrühren. Fügen Sie die Tomatenmark, die Pilze (abgetropft) und die Gulaschsuppe hinzu und rühren Sie sie erneut gut um. Mit Tabasco, Salz, Pfeffer und Paprika abschmecken (schmeckt am besten, wenn es heiß ist).

Zum Schluss den Schmelzkäse, die Mandarinen und die Sahne hinzufügen. Lassen Sie es köcheln, damit der Käse schön schmilzt und rühren Sie es ab und zu um.

Fertig!

Ein köstliches Stockbrot oder geröstetes Weißbrot und ein süßer oder halbtrockener Weißwein schmecken hervorragend dazu. Bier ist natürlich auch möglich ...

Suppen-Nudelsalat mit TUNA

Portionen: 4

ZUTATEN

- 500 g Nudeln (Suppe), zB Muscheln
- 2 Dosen / n Thunfisch
- 1 m.-große Gurke (Substantiv)
- 1 groß Rote Paprika)
- 1 kleines Glas Miracel Peitsche
- 1 klein Knoblauchzehen)
- Salz und Pfeffer
- Paprikapulver

VORBEREITUNG

Die Nudeln kochen und abkühlen lassen.

Den Thunfisch abtropfen lassen und zerhacken. Die Gurke schälen, die Samen entfernen und in kleine

20

Würfel schneiden. Den Pfeffer in kleine Würfel schneiden. Es sollte ungefähr so groß sein wie die kleinen Suppennudeln.

Alles mit der Miracel-Peitsche mischen. Nach Geschmack würzen.

FLAMBÉED SALMON AUF LAMBS LETTUCE MIT WILDER ERDBEER- UND RASPBERRY-VINAIGRETTE

Portionen: 5

ZUTATEN

Für die Suppe:

- 500 g Kartoffel
- 0,33 Petersilienwurzel
- Zwiebel (Substantiv)
- 1.000 ml Gemüsebrühe
- 200 ml Sahne
- 100 ml Sauerrahm
- 200 ml Milch

22

- 40 g   Butter
- Salz und Pfeffer
- Muskatnuss

Für die Kaution:

- Apfel
- n. B. B. Zucker
- etwas Chilipulver
- Für den Salat:
- 100 g   Lachsfilet (en), frisch
- 30 g   Feldsalat
- 30 g   Spinatblätter, frisch
- n. B. B. Granatapfelkerne (nach Bedarf)
- Kerbel, frisch, (zum Garnieren)
- Kräuter (nach Geschmack)
- Zitronensaft (nach Geschmack)

Für die Vinaigrette:

- 20 ml Himbeeressig
- 20 ml Olivenöl
- 20 ml Rapsöl
- 20 ml Balsamico Essig
- 1 Teelöffel   Senf
- 1 Teelöffel   Honig
- 100 g Himbeeren
- 150 g Wilde Erdbeeren

VORBEREITUNG

Für die Suppe zuerst die Kartoffeln und die Petersilienwurzel schälen, waschen, vierteln und die Zwiebel fein würfeln.

Die Butter in einem großen Topf erhitzen und die Zwiebelstücke darin anschwitzen. Dann die Kartoffeln und Wurzeln dazugeben und kurz anbraten. Mit der Gemüsebrühe auffüllen. Kochen, bis die Kartoffeln fertig sind. Dann die Sahne, die saure Sahne und die Milch hinzufügen und mit einem Stabmixer fein mischen. Mit Salz, Pfeffer und Muskatnuss abschmecken.

Gleichzeitig den Apfel schälen und in dünne Scheiben schneiden. Die Scheiben mit dem Zucker auf einer Seite bestreuen und in einer heißen Pfanne auf der Zuckerseite braten und karamellisieren lassen. Wiederholen Sie den Vorgang für die andere Seite, diesmal mit Chilipulver.

Dann lassen Sie die Scheiben abkühlen, schneiden Sie sie später in feine Stücke und geben Sie sie vor dem Servieren in die Suppe.

Für die Vinaigrette die Öle in einen Mixer geben und mischen, dann die Essige hinzufügen und erneut mischen. Fügen Sie den Senf, den Honig und die Erdbeeren hinzu und mischen Sie erneut. Zum Schluss die Himbeeren dazugeben und kurz mischen, da die Körner die Vinaigrette bitter machen können. Je nach Geschmack etwas Säure mit Honig ausgleichen.

Salat und Spinat waschen. Den Lachs in mundgerechte Stücke schneiden und mit einem Brenner von allen Seiten flambieren. Mit etwas Zitronensaft und Kräutern garnieren und auf einem Teller anrichten. Den Salat auch drapieren und die Vinaigrette darüber gießen.

FLAMBÉED SALMON AUF LAMBS LETTUCE MIT WILDER ERDBEER- UND RASPBERRY-VINAIGRETTE

Portionen: 5

ZUTATEN

Für die Suppe:

- 500 g Kartoffel
- 0,33 Petersilienwurzel
- Zwiebel (Substantiv)
- 1.000 ml Gemüsebrühe
- 200 ml Sahne
- 100 ml Sauerrahm
- 200 ml Milch

- 40 g Butter
- Salz und Pfeffer
- Muskatnuss

Für die Kaution:

- Apfel
- n. B. B. Zucker
- etwas Chilipulver
- Für den Salat:
- 100 g Lachsfilet (en), frisch
- 30 g Feldsalat
- 30 g Spinatblätter, frisch
- n. B. B. Granatapfelkerne (nach Bedarf)
- Kerbel, frisch, (zum Garnieren)
- Kräuter (nach Geschmack)
- Zitronensaft (nach Geschmack)

Für die Vinaigrette:

- 20 ml Himbeeressig
- 20 ml Olivenöl
- 20 ml Rapsöl
- 20 ml Balsamico Essig
- 1 Teelöffel Senf
- 1 Teelöffel Honig
- 100 g Himbeeren
- 150 g Wilde Erdbeeren

VORBEREITUNG

Für die Suppe zuerst die Kartoffeln und die Petersilienwurzel schälen, waschen, vierteln und die Zwiebel fein würfeln.

Die Butter in einem großen Topf erhitzen und die Zwiebelstücke darin anschwitzen. Dann die Kartoffeln und Wurzeln dazugeben und kurz anbraten. Mit der Gemüsebrühe auffüllen. Kochen, bis die Kartoffeln fertig sind. Dann die Sahne, die saure Sahne und die Milch hinzufügen und mit einem Stabmixer fein mischen. Mit Salz, Pfeffer und Muskatnuss abschmecken.

Gleichzeitig den Apfel schälen und in dünne Scheiben schneiden. Die Scheiben mit dem Zucker auf einer Seite bestreuen und in einer heißen Pfanne auf der Zuckerseite braten und karamellisieren lassen. Wiederholen Sie den Vorgang für die andere Seite, diesmal mit Chilipulver.

Dann lassen Sie die Scheiben abkühlen, schneiden Sie sie später in feine Stücke und geben Sie sie vor dem Servieren in die Suppe.

Für die Vinaigrette die Öle in einen Mixer geben und mischen, dann die Essige hinzufügen und erneut mischen. Fügen Sie den Senf, den Honig und die Erdbeeren hinzu und mischen Sie erneut. Zum Schluss die Himbeeren dazugeben und kurz mischen, da die Körner die Vinaigrette bitter machen können. Je nach Geschmack etwas Säure mit Honig ausgleichen.

Salat und Spinat waschen. Den Lachs in mundgerechte Stücke schneiden und mit einem Brenner von allen Seiten flambieren. Mit etwas Zitronensaft und Kräutern garnieren und auf einem Teller anrichten. Den Salat auch drapieren und die Vinaigrette darüber gießen.

LIOS SALATSUPPE

Portionen: 3

ZUTATEN

- Salat, (Salat)
- In Würfel geschnittene Zwiebeln
- 1 pck. Doppelfrischkäse oder Kräuterfrischkäse
- 1 Liter Hühnersuppe
- 1 Prise Pfeffer
- Etwas Butter
- Möglicherweise. Salz-

VORBEREITUNG

Den Salat reinigen und waschen. Zwiebel hacken und in etwas Butter braten, Salat dazugeben und 1 Minute anbraten. Hühnerbrühe und Käse dazugeben, zum Kochen bringen und pürieren, würzen mit Pfeffer und möglicherweise etwas Salz.

SORREL-SUPPE

Portionen: 4

ZUTATEN

- 100 g Sauerampfer
- 100 g Salat (oder Spinat)
- 50 g Petersilie
- 50 g Butter
- 100 g Kartoffel
- 500 ml Hühnersuppe
- Salz und Pfeffer
- 4 EL Sahne

VORBEREITUNG

Die Blätter von Sauerampfer, Salat (Spinat) und
Petersilie waschen und grob hacken. Die Butter in einem
Topf erhitzen und die gehackten Blätter darin
anschwitzen. Nach 5 Minuten die in Stücke

geschnittenen Kartoffeln hinzufügen, gut umrühren und die Brühe einfüllen. Mit Salz und Pfeffer abschmecken. 25 Minuten kochen lassen. Durch ein grobes Sieb passieren und erneut erhitzen. Sahne einrühren.

SALATSUPPE MIT PFANNKUCHEN

Portionen: 4

ZUTATEN

- 2 Köpfe   Salat
- 2 Liter Wasser
- 6 Knoblauchzehen)
- 250 g Speck
- 7 Ei (e)
- 2 EL   Mehl
- Milch
- Salz-
- Essig
- Eigelb
- 1 EL   Sahne

VORBEREITUNG

Das Wasser mit Knoblauchzehen, etwas Salz und einem Schuss Essig zum Kochen bringen. Salatköpfe gründlich waschen, in kleine Stücke schneiden und in der Suppe zum Kochen bringen.

Den gewürfelten Speck anbraten. Mischen Sie 7 Eier, etwas Milch und Salz und braten Sie die Pfannkuchen Stück für Stück im Speckfett. Die Pfannkuchen in 2 cm große Stücke schneiden und zur Suppe geben.

Mehl mit Milch mischen, in die Suppe geben, einige Minuten kochen lassen und mit Sahne würzen.

Rezept aus der siebenbürgischen Küche.

LETTUCE SOUP

Portionen: 4

ZUTATEN

- 1 Kopf Salat
- 300 g Erbsen (gefroren)
- 1 Liter Fonds
- 500 ml Sahne
- n. B. B. Minze
- 4 Scheibe / n Toast
- Fett zum Braten
- 150 g Speckwürfel

VORBEREITUNG

Zupfen Sie zuerst die schönen, großen äußeren Blätter des Salats, reinigen Sie sie und legen Sie sie beiseite. Den Rest des Salats zupfen, putzen und hacken.

Brühe und Erbsen in einen Topf geben. Zuerst die Erbsen bei schwacher Hitze auftauen, später den geschnittenen Salat dazugeben und bei schwacher Hitze ca. 10 Minuten köcheln lassen.

In der Zwischenzeit das geröstete Brot in Croutons schneiden und knusprig braten. Nehmen Sie es dann heraus und lassen Sie den Speck knusprig. Schneiden Sie nun die Salatblätter, die Sie beiseite legen, und die Minze in feine Streifen. Legen Sie diese und den Speck in die vorbereiteten Teller. Pürieren Sie nun die Suppe mit einem Stabmixer und fügen Sie die Sahne hinzu (Sie können die Sahne auch vor dem Pürieren hinzufügen, dann wird die Suppe etwas schaumiger). Die Suppe auf den Teller legen und servieren.

Die Minze verleiht der Suppe einen wunderbar frischen Geschmack und der frische Salat auf dem Teller hat ein wunderbares Aroma, das nur die äußeren Blätter des Kopfes haben. Der Speck rundet es komplett ab und verleiht ihm einen leichten rustikalen Touch.

LETTUCE - CREMESUPPE

Portionen: 8

ZUTATEN

- 2 Kopf Salat, (Salat)
- 3 Schalotte (Substantiv)
- 150 g Butter
- 750 ml Gemüsebrühe
- 800 g Creme fraiche
- 1 Box Kresse
- 2 EL   Limettensaft oder Zitronensaft
- Salz und Pfeffer
- Muskatnuss

VORBEREITUNG

Schalotten würfeln und in ca. 30 g Butter. Waschen Sie den Salat, legen Sie die Salatherzen beiseite. Die Salatblätter zu den Schalotten geben und 5 Minuten kochen lassen. Mit Brühe auffüllen und zum Kochen bringen. Dann mit dem Mixer pürieren, die Crème Fraîche dazugeben, mit Salz abschmecken und 10 Minuten köcheln lassen. Schneiden Sie die Salatherzen in Streifen.

Nehmen Sie die Suppe vom Feuer und schlagen Sie den Rest der kalten Butter in Stücke darunter. Mit Limettensaft, Salz, Pfeffer und Muskatnuss würzen, die Salatherzen hinzufügen und die Suppe vor dem Servieren mit Kresse bestreuen.

SALATSUPPE MIT SPECK

Portionen: 4

ZUTATEN

- 150 g   Speck, geraucht
- Öl (Olivenöl)
- 8 Zehen / n   Knoblauch
- 3 Köpfe   Salat, klein, in Streifen geschnitten
- 1 ½ Tasse / n Creme fraiche Käse
- 3 Ei (e), einschließlich Eigelb
- 1 Haufen   Dill
- 1 Prise Zucker
- Salz und Pfeffer

VORBEREITUNG

Den gewürfelten Speck im Olivenöl knusprig braten.
Dann den zerkleinerten Knoblauch und die Salatstreifen

hinzufügen. Sobald der Salat zusammengebrochen ist, fügen Sie ca. 400-450 ml Wasser (oder mehr, wenn Sie es dünner haben möchten). Die Crème Fraîche mit dem Eigelb mischen und über den Salat gießen. Bei schwacher Hitze nochmals kurz zum Kochen bringen. Die Suppe mit fein gehacktem Dill, Zucker, Salz und Pfeffer würzen. Mit ein paar gerösteten Weißbrotwürfeln garnieren oder mit frischem Baguette servieren.

RÖMISCHE SALATSUPPE

Portionen: 4

ZUTATEN

- 2 Köpfe   Salat
- 1 Tasse   Milch (ca. 200 ml)
- 3 Zehen / n   Knoblauch
- 2   Eier)
- 250 ml Sahne
- 2 EL   Essig
- 300 ml Wasser
- Pfeffer
- Öl
- Salz-

VORBEREITUNG

Den Salat waschen und grob hacken, dann die
Salatstücke in einem Topf mit erhitztem Öl ca. 5

Minuten braten. Dann Milch und Wasser hinzufügen und 15 Minuten köcheln lassen. Knoblauchzehen schälen, fein hacken (Pressung funktioniert auch) und hinzufügen. Trennen Sie das Eigelb und das Weiß der Eier (verwenden Sie das Weiß woanders). Dann das Eigelb mit Sahne, Essig, Salz und Pfeffer mischen und in den Topf geben. Lassen Sie die Suppe nun weitere 5 Minuten köcheln und würzen Sie sie je nach Geschmack mit Essig, Salz und Pfeffer. Dann servieren.

KALTE SALATSUPPE MIT DUMPLINGS

Portionen: 4

ZUTATEN

- 300 g Salat (Salat)
- 2 EL   Olivenöl
- 750 ml Gemüsebrühe
- 100 g Sahne
- ½ Bund Schnittlauch
- 1 Haufen   Rettich
- 4 Stiele   Basilikum
- Zitronensaft
- 200 g Doppelfrischkäse
- 1 EL   Creme fraiche

VORBEREITUNG

Salat reinigen und gut abtropfen lassen. 3 Blätter in feine Streifen schneiden und beiseite stellen, den Rest grob abschneiden. Das Öl in einem Topf erhitzen und den Salat darin anbraten. Brühe einfüllen und zum Kochen bringen. Zupfen Sie das Basilikum von den Stielen und geben Sie die Hälfte davon in die Brühe. Die Suppe fein pürieren, mit der Sahne verfeinern und mit Salz und Pfeffer würzen. Lassen Sie die Suppe abkühlen und kühlen Sie dann.

In der Zwischenzeit Frischkäse, Crème Fraiche und Zitronensaft mischen, mit Salz und Pfeffer würzen und an einem kühlen Ort aufbewahren.

Die Radieschen in feine Stäbchen und den Schnittlauch in Brötchen schneiden. Die restlichen Salatstreifen und das Basilikum in die kalte Suppe rühren.

Den Frischkäse mit Hilfe von 2 Teelöffeln zu kleinen Knödeln formen.

Die Suppe in Schalen anrichten, Knödel hinzufügen und mit Schnittlauch und Rettichstreifen bestreuen.

ELKES SALATSUPPE

Portionen: 4

ZUTATEN

- 1 groß Salat (Salat)
- Zwiebel (Substantiv)
- 1 EL   Butter
- 500 ml Gemüsebrühe
- 250 ml Milch
- 1 Prise (n)   Muskatnuss
- 1 Prise (n)   Cayenne Pfeffer
- Salz-
- Pfefferweiß
- 1 Tasse   Schlagsahne
- 4 Eigelb
- 3 Scheiben / n Brot (ganze Mahlzeit)
- Knoblauchzehen)
- 1 EL   Butter

VORBEREITUNG

Den Salat reinigen, waschen und abtropfen lassen. Die Herzblätter in feine Streifen schneiden und beiseite stellen. Die grünen Blätter mit leicht gesalzenem, kochendem Wasser anbrühen, sofort in kaltem Wasser abkühlen lassen und abtropfen lassen. Zwiebel schälen und würfeln.

Erhitze die Butter und schwitze die Zwiebel darin, bis sie durchscheinend ist. Die abgekühlten Salatblätter in feine Streifen schneiden, zur Zwiebel geben und kurz anbraten. Heiße Gemüsebrühe und Milch einfüllen und kurz zum Kochen bringen, mit Salz, Pfeffer, Muskatnuss und Cayennepfeffer würzen. Alles mit dem Mixer pürieren. Mischen Sie die Sahne mit dem Eigelb und binden Sie die Suppe damit, nehmen Sie sie vom Herd und lassen Sie sie nicht wieder kochen.

Das ganze Brot in feine Würfel schneiden, eine beschichtete Pfanne mit der Knoblauchzehe einreiben und die Butter weglassen. Braten Sie die Brotwürfel darin goldbraun.

Die Salatsuppe in vorgeheizten Tellern anrichten, mit den Brotwürfeln und den fein gehackten Herzblättern bestreuen und servieren.

COMFREY - KRÄUTERSUPPE

Portionen: 4

ZUTATEN

- 3 Zwiebel (n), fein gehackt und 4 frische Beinwellblätter (Beinwell)
- 50 g   Butter
- 1 Zweig / e   Estragon, frischer
- 4 ..   Gemüsebrühe
- ½ Tasse / n Sahne
- 1 kleinerer Salat (Salat)
- 4 BlattBeinwell - 6 Blätter, (Beinwellblätter)
- 3 Stiele   Petersilie

VORBEREITUNG

Lassen Sie alle Zutaten (außer Salat) kurz kochen und pürieren Sie sie dann in einem Mixer einschließlich des Salats. Gießen Sie die gesamte Mischung in den Topf, rühren Sie die Sahne ein, erhitzen Sie sie erneut und würzen Sie sie nach Geschmack!

Sie können etwas weniger Butter verwenden und die Sahne durch Milch mit 1,5% Fett ersetzen.

GRÜNE PEA-SUPPE

Portionen: 4

ZUTATEN

- 3 Zwiebel (Substantiv)
- 1 Kopf Salat
- 1 Haufen   Petersilie, glatt
- 500 g Erbsen, gefroren
- 3 EL   Butter
- 3 EL   Olivenöl
- 1 ½ Liter   Hühnerbrühe, hausgemacht oder Instant
- Salz-
- Pfeffer, schwarz, frisch gemahlen
- ½ EL   Paprikapulver, mild oder heiß

VORBEREITUNG

Zwiebeln schälen und fein würfeln. Den Salat waschen und reinigen und in Streifen schneiden. Petersilie waschen und trocken schütteln.

Butter und Öl in einem Topf erhitzen. Fügen Sie die Zwiebeln hinzu und braten Sie sie an, fügen Sie das restliche Gemüse und 350 g der Erbsen hinzu. 5 Minuten dünsten. Gießen Sie die Brühe hinein und kochen Sie sie abgedeckt etwa 20 Minuten lang. Alles mit der Küchenmaschine zerhacken. Die restlichen Erbsen hinzufügen und weitere 10 Minuten kochen lassen.

Mit Salz und Pfeffer abschmecken. Mit Fladenbrot servieren.

MINESTRA DI LATTUGA

Se

Portionen: 6

ZUTATEN

- 50 g Butter
- 1 m.-groß   Zwiebel (n), fein gehackt
- 3 m groß   Kartoffel (n), fein gewürfelt
- 1 Liter Hühnersuppe
- 1 Kopf Salat, gewaschen und grob gehackt
- 1 Haufen   Kerbel, gehackt
- 150 ml Sahne
- Salz und Pfeffer
- Schnittlauch, gehackter Kerbel und Kerbel zum Garnieren

VORBEREITUNG

Die Butter in einem Topf schmelzen und die Zwiebeln und Kartoffeln darin anschwitzen. Abdecken und bei schwacher Hitze ca. 20 Minuten dämpfen. Mit der Hühnerbrühe ablöschen, zum Kochen bringen und den Salat und den Kerbel hinzufügen. Einige Minuten kochen lassen und durch ein Sieb (oder "Flotte Lotte") passieren. Die Suppe erneut erhitzen und die Sahne einrühren. Mit Salz und Pfeffer würzen und mit gehacktem Schnittlauch und Kerbel bestreuen.

TÖGINGER ENDIVE SUPPE

Portionen: 2

ZUTATEN

- 1 Kopf Kopfsalat (Endiviensalat), die grünen Blätter
- Zwiebel (n) in dünne Keile schneiden
- 1 EL   Geklärte Butter
- Knoblauchzehe (n), fein gehackt oder gerieben
- 1 EL   Mehl
- 500 ml Fleischsuppe
- ½ EL   Curry Pulver
- Salz und Pfeffer
- 1 Schuss   Sahne

VORBEREITUNG

Die geklärte Butter erhitzen und die Zwiebeln und den Knoblauch langsam durchscheinend braten, den fein gehackten Endiviensalat hinzufügen und zusammenfallen lassen. Mit Mehl bestäuben und die Brühe unter sorgfältigem Rühren hinzufügen.

10 Minuten köcheln lassen und mit Curry, Pfeffer und Salz würzen. Mit Sahne verfeinern.

FEINE SALATSUPPE MIT GERÄUCHERTEM LACHS

Portionen: 4

ZUTATEN

- 2 Zwiebel (n), fein gehackt
- 2 EL   Butter
- 4 EL   Haferflocken
- 400 g Salat, (Salat, sonst Eisbergsalat oder Endivien)
- 1 Liter Gemüsebrühe
- Rübenoberteile
- Zitronensaft
- Salz und Pfeffer
- Cayenne Pfeffer
- Muskatnuss
- 60 g   Sauerrahm

- 200 g Lachs, geräuchert, in mundgerechte Streifen geschnitten
- 4 EL Dill, gehackt

VORBEREITUNG

Salat reinigen und in Streifen schneiden. Die Zwiebeln in Butter durchscheinend anschwitzen. Fügen Sie das Haferflocken hinzu und lassen Sie es damit schwitzen. Fügen Sie den Salat hinzu. Nach 1-2 Minuten ununterbrochenem Rühren die Gemüsebrühe einfüllen und alles zum Kochen bringen. Mit Zitronensaft, Rüben, Pfeffer, Cayennepfeffer und Muskatnuss gut würzen.

Die Suppe pürieren, erneut erhitzen, die Sahne einrühren und erneut abschmecken. Mischen Sie den Lachs mit dem Dill. Die Suppe servieren und mit Lachs und Dill bestreuen.

AVOCADO GAZPACHO MIT PRAWNS

Portionen: 4

ZUTATEN

- 2 Avocado (s)
- Paprika, grün
- Gurke
- Frühlingszwiebeln)
- Knoblauchzehen)
- 4 EL   Olivenöl
- 1 EL   Sherry-Essig
- 1 Glas Wasser
- Zitronen)
- Salz und Pfeffer
- 12 ..   Garnelen, geschält
- Salat, gemischt

- Tomaten)
- 1 Teelöffel Crema di Balsamico-Essig
- Olivenöl
- 10 Blatt Basilikum
- 1 dl Olivenöl

VORBEREITUNG

Für die Gazpacho die Gurke schälen, waschen und würfeln, die Zitrone auspressen. Paprika waschen, aushöhlen und in mittelgroße Würfel schneiden. Die Avocados halbieren, die Samen entfernen und schälen. Das Fruchtfleisch der Avocados mit Zitronensaft beträufeln, um Oxidation zu vermeiden. Den Schnittlauch waschen, den Knoblauch schälen und mit Avocado, Gurke und Paprika in einem Mixer pürieren. Fügen Sie Essig, Öl und ca. hinzu. Ein Glas Wasser für eine homogene Creme. Mit Salz und Pfeffer abschmecken. In einem geschlossenen Behälter im Kühlschrank aufbewahren.

Für das aromatische Öl die Basilikumblätter waschen, mit Küchenpapier trocknen und fein hacken. Gut mit dem Öl mischen.

Die Tomaten waschen und am Stiel in ein Kreuz schneiden. In einer Pfanne mit etwas Salzwasser 2 Minuten lang blanchieren. In kaltem Wasser abspülen, schälen und in nicht zu dicke Scheiben schneiden. Garnelen waschen und mit Papiertüchern trocknen.

Erhitzen Sie etwas Öl in einer beschichteten Pfanne und braten Sie die Garnelen eine Minute lang, bis sie leicht ihre Farbe ändern. Entfernen und mit Salz und Pfeffer würzen. Salat waschen.

Teilen Sie die Gazpacho in vier Schalen oder tiefe Teller und legen Sie die Tomaten, Garnelen und den Salat darauf. Mit ein paar Tropfen Balsamico-Creme und dem Basilikumöl beträufeln. Sofort servieren.

Surimi kann auch anstelle der Garnelen verwendet werden.

GEMÜSE - Nudelsuppe

Portionen: 1

ZUTATEN

- 20 g Nudeln (Suppennudeln)
- Salzwasser
- ½ EL Öl
- 1 Zehe / n   Gehackter Knoblauch
- 300 ml Brühe, Körner
- 50 g Karotte (n), in Scheiben geschnitten
- 50 g Brokkoli, in Röschen geschnitten
- Frühlingszwiebeln in Ringe schneiden
- 2 Blatt Salat (Salat), in Streifen geschnitten
- 1 Teelöffel Sojasauce
- Etwas Chili

VORBEREITUNG

Die Nudeln in kochendem Salzwasser al dente kochen, abtropfen lassen und abtropfen lassen. Das Öl in einem Topf erhitzen. Die gehackte Knoblauchzehe darin anbraten. Granulatbrühe einfüllen und zum Kochen bringen.

Karottenscheiben und Brokkoliröschen dazugeben und 7 Minuten köcheln lassen. Frühlingszwiebeln, Salatstreifen und Suppennudeln dazugeben und erhitzen. Mit Sojasauce würzen und nach Belieben mit Chili abschmecken.

MISO-SUPPE MIT GINGER

Portionen: 2

ZUTATEN

- 2 EL   Algensalat (Bio) oder getrocknet, gehackt
- 10 g   Dashi (Dashino-Moto) oder Thunfischflockengewürz
- 1 Liter Wasser
- 4 Tropfen   Sesamöl
- 1 Handvoll   Ingwer, geschält und gewürfelt
- ½ BundNudeln (Somen) oder Reis
- 100 g   Tofu, natürlich
- 3 EL   Sojapaste, leicht (Shiro Miso)
- 1 Prise (n)   Gewürzmischung (Shichimi Togarashi - Gewürzmischung aus Chili, Sesam, Seetang, Orangenschale)

VORBEREITUNG

Lassen Sie die Algen zunächst ca. 5 Minuten in Wasser einweichen. Es ist am besten, das Wasser 2 bis 3 Mal zu wechseln und es nicht erneut zu verwenden.

Kochen Sie das Dashino-Moto in einem Liter Wasser, träufeln Sie etwas Sesamöl hinein und fügen Sie den Ingwer hinzu. Lassen Sie die Algen abtropfen und geben Sie sie wie die Somen in den Topf, damit beide etwa 2 Minuten lang kochen können. In der Zwischenzeit den Tofu in Würfel schneiden - und in den Topf geben.

Reduzieren Sie jetzt einfach die Hitze, fügen Sie die Sojapaste hinzu und würzen Sie sie mit einer Prise Shichimi Togarashi. Dadurch wird die fruchtige Hitze des Ingwers wunderbar mit der Brühe verbunden.

Die Nudeln können auch durch eine Tasse bereits gekochten Reis ersetzt werden oder die Suppe kann ohne Füllstoff serviert werden.

Wichtig: Die Misopaste darf nicht kochen, sonst verliert sie ihr Aroma.

SALATSUPPE MIT KÄSE

Portionen: 2

ZUTATEN

- 2 m große Frühlingszwiebel (Substantiv)
- 50 g   Butter
- 400 ml Gemüsebrühe
- 3 m große Kartoffel
- 1 groß Karotte
- 2 Knoblauchzehen)
- 1 Haufen   Kräuter, gemischt (was der Garten derzeit hat)
- 400 g Salat - Blätter Ihrer Wahl, aber auch Kohlrabi-Blätter
- ½ EL Salz
- 1 Prise (n) Pfeffer aus der Mühle
- 120 g Käse, möglicherweise Käserückstände
- 1 Schuss   Sahne

- 2 Cabanossi alternativ anstelle des Käses
- 1 Stick / n Lauch, möglicherweise als Ersatz für die Zwiebel

VORBEREITUNG

Zwiebeln schälen und das Gemüse zu den Kräutern geben. Dann die Zwiebeln hacken und in der Butter anschwitzen. Schneiden Sie die Knoblauchzehen in kleine Scheiben und fügen Sie sie hinzu. Wenn alles leicht gebräunt ist, mit der Gemüsebrühe ablöschen und zum Kochen bringen.

In der Zwischenzeit die Kartoffeln und Karotten schälen, in Stücke schneiden und hinzufügen. Hacken Sie die Gartenkräuter und die Zwiebel (wenn keine Zwiebel verfügbar ist, reicht ein kleiner Lauchstab) und geben Sie sie ebenfalls in den Topf. Alles ca. 15 bis 20 Minuten köcheln lassen. Waschen Sie die gemischten Salatblätter unter fließendem Wasser, pflücken Sie sie in kleine Stücke und geben Sie sie dann in die Suppe. Alles wieder zum Kochen bringen für ca. 3 Minuten. Dann mit einem Handmixer pürieren. Mit Salz und Pfeffer abschmecken. Den Käse in kleine Stücke schneiden (besser reiben) und in der Suppe auflösen. Zum Schluss mit einem Schuss Sahne verfeinern.

Das Ergebnis ist eine wohlschmeckende, sättigende, cremige Suppe. Wenn Sie nicht auf Fleisch verzichten möchten, können Sie den Käse weglassen und stattdessen Cabanossis in die Suppe geben.

Hinweis:

Wenn die Suppe als Vorspeise serviert werden soll, reichen die Mengen für die doppelte Anzahl von Personen.

Kürbissuppe mit Äpfeln, Karotten und Curry

Portionen: 4

ZUTATEN

- Kürbis (se) (Hokkaido), entkernt, grob gewürfelt; separat 2 EL fein gehackt
- Schalotte (n), gewürfelt
- 60 g   Ingwerwurzel, gewürfelt
- Äpfel, geviertelt, entkernt, in große Stücke geschnitten, zB Braeburn
- 4 Karotte (n), in große Stücke geschnitten; separat 2 EL fein gehackt
- 150 g Butter
- 4 EL   Curry Pulver
- 800 ml Geflügelbrühe
- 400 ml Sahne

- 2 Teelöffel   Meersalz
- 2 EL   Creme fraiche
- 4 EL   Samen, Mischung für Salate oder Kürbiskerne, trocken geröstet
- 4 EL   Kürbiskernöl nach Geschmack

VORBEREITUNG

120 g Butter in einem Topf auslassen. Darin Schalotten, Knoblauch, Kürbis, Äpfel und Karotten anbraten. Currypulver darüber streuen, mit Geflügelbrühe und Sahne ablöschen und ca. 20 Minuten köcheln lassen, bis die Ablagerungen weich sind. Die Suppe pürieren, erneut erhitzen und mit Salz und Crème Fraîche würzen.

Den Rest der Butter in einer Pfanne erhitzen. Dämpfen Sie die Kürbis- und Karottenwürfel darin, bis sie bissfest sind, ohne sie zu färben.

Die Kürbissuppe auf Tellern oder Tassen verteilen, das gewürfelte Gemüse in der Mitte anordnen und mit den Kürbiskernen oder der Samenmischung bestreuen. Wenn Sie möchten, mit Kürbiskernöl beträufeln.

SOLYANKA MIT SAUERKRAUT

Portionen: 24

ZUTATEN

- 1.300 g   Eingelegte Gurke (n), Salzdillgurke
- 1.360 g   Letscho, ungarischer Lecsó (aus dem Glas)
- 1.300 g   Tomatenpaprika (aus dem Glas)
- Für den Salat:, Puszta-Salat (aus dem Glas)
- 400 g Tomate (n), passiert (aus der Dose)
- 1.620 g   Sauerkraut (in Dosen), Mildessa
- 1 Röhrchen / n Tomatenmark
- 1 pck. Wurst, Mini Cabanossi (Partysnack)
- 750 g Geräuchertes Schweinefleisch, geworfen (ohne Knochen)
- 750 g Rindfleisch
- 750 g Schweinefleisch
- 1 Ring / e   Fleischwurst

- 2 Teelöffel   Kapern
- 1 Haufen   Dill
- 1 Haufen   Petersilie
- 3 Zitrone (n), davon der Saft
- 12 Zwiebel (Substantiv)
- 6 Knoblauchzehen)
- 3 LiterFleischbrühe, vorzugsweise selbst gekocht
- 3 Tassen   Saure Sahne zum Servieren
- Geklärte Butter zum Braten

VORBEREITUNG

Schneiden Sie die drei Fleischsorten und die Fleischwurst in kleine Würfel (1 cm) und braten Sie sie nacheinander in einer Pfanne, bis sie leicht braun sind.

Gießen Sie die Gurken ab (stellen Sie sicher, dass Sie das Gurkenwasser sammeln), schneiden Sie sie in kleine Stücke und braten Sie sie in einer Pfanne an. Legen Sie das Fleisch und die Gurke sowie den Gurkenwasser (!) In den Topf. Nun die Tomatenpaprika, Letscho, Puszta-Salat, Tomaten und das Sauerkraut nacheinander hinzufügen. Gießen Sie die Gläser / Dosen nicht ab, sondern geben Sie den Saft hinzu. Fleischbrühe nachfüllen und bei schwacher Hitze langsam zum Kochen bringen (Elektroherd: Stufe 4). Die Mini-Cabanossi je nach Geschmack halbieren oder vierteln sowie die gesamte Tube Tomatenmark hinzufügen. Mit fein gehackter Petersilie, Dill und Knoblauch (Kräutermühle) sowie mit Zitronensaft und Kapern würzen. Nicht abschmecken, sondern 2 Stunden ziehen lassen (Elektroherd: Stufe 2) und dann vorzugsweise über Nacht stehen lassen.

Mit einem Esslöffel Sauerrahm auf dem Teller servieren.

Wenn Sie möchten, können Sie die 3 Zitronen in Scheiben schneiden und halbieren, anstatt den Saft herauszudrücken. Kann mit Petersilie und / oder Dill garniert werden.

RAKETENSALAT MIT BIRNE & KASTEN

Portionen: 4

ZUTATEN

Salat

- 4 große Rucola-Fäuste
- 150 - 200 g Kastanien (vollständig gekocht)
- 1 kleine Zwiebel (ca. 50 g)
- 4 bis 6 EL Pekannüsse
- 1 große saftige Birne
- Olivenöl zum Braten

Dressing

- 4 EL Distelöl (oder Sonnenblumenöl)
- 2 EL Balsamico-Essig

- 1 - 2 Teelöffel Ahornsirup
- 1 Teelöffel Djone-Essig
- Salz Pfeffer

VORBEREITUNG

Salat

Waschen Sie die Rakete und schneiden Sie sie in kleine Stücke. Zwiebel halbieren und in sehr dünne Ringe schneiden. Die Kastanien und Zwiebeln in einem großen Auflauf in etwas Olivenöl goldbraun dünsten. Die Birne in kleine Stücke schneiden.

Dressing

Alle Zutaten mit einer kleinen Schneestange cremig schlagen.

Finale

Mischen Sie die Rakete mit dem Dressing. Den Salat auf 4 Teller verteilen und mit Zwiebelkastanien, Birnenstücken und Nüssen bestreuen.

Trinkgeld

Sie können Walnusskerne anstelle der Pekannüsse verwenden. Entweder halbieren oder in kleine Stücke schneiden.

WURZELGEMÜSE-SALAT MIT ORANGE-DRESSING

Portionen: 4

ZUTATEN

- 300 g Karotten (klassisch und lila)
- 200 g Petersilienwurzel und Pastinaken
- 2 EL Olivenöl
- 1 Teelöffel brauner Zucker
- 2 - 3 EL Haselnüsse
- 3 EL Orangensaft (frisch gepresst)
- 1 Teelöffel Zitronensaft
- 1 Teelöffel Ahornsirup
- 1 EL weißer Balsamico-Essig
- 3 EL Sonnenblumenöl (kaltgepresst)
- Salz-
- optional: geriebener junger Parmesan / Grana

VORBEREITUNG

Wurzelgemüse schälen und in mundgerechte Stücke schneiden. Das Olivenöl in einem schweren Auflauf erhitzen, den Zucker und das geschnittene Gemüse hinzufügen, mit Salz würzen und 20 bis 25 Minuten bei mittlerer Temperatur schmoren. Das Gemüse sollte bis zum Biss fest bleiben. Zwischendurch immer wieder umrühren. Für das Dressing etwas Salz mit dem Zitronen- und Orangensaft sowie dem Essig mischen, dann den Ahornsirup und das Öl hinzufügen. Alles verquirlen, bis die Mischung emulgiert. Über das gekochte Gemüse gießen. Gehackte und geröstete Haselnüsse darüber streuen. Wenn Sie möchten, können Sie etwas jungen Parmesan darüber schneiden. Schmeckt aber auch ohne sehr gut. Lauwarm und mit etwas Weißbrot servieren.

Trinkgeld

Je nachdem, wie viel Wurzelgemüse Sie einnehmen, sollten Sie die Menge Zitronensaft dosieren, damit es nicht zu süß wird.

Tomate und Linsensuppe

Portionen: 4

ZUTATEN

- 3 EL Olivenöl
- 1 kleine gelbe Zwiebel
- 100 g rote Linsen
- 1 Karotte (ca. 100 g)
- 300 ml - 400 ml Gemüsebrühe (oder Wasser)
- 200 g pürierte Tomaten
- Chili
- Salz-
- Zitronensaft
- Olivenöl zum Servieren

VORBEREITUNG

Das Olivenöl erhitzen und die fein gehackte Zwiebel leicht darin rösten. Gießen Sie 300 ml Suppe darüber und fügen Sie die gründlich gewaschenen Linsen hinzu. Bei mittlerer Temperatur ca. 15 bis 20 Minuten köcheln lassen. Chili und Salz hinzufügen. Dann fügen Sie die Tomaten und die geschälte Karotte in kleine Stücke geschnitten. Lassen Sie die Tomaten weitere 15 bis 20 Minuten einkochen und fügen Sie bei Bedarf etwas Suppe oder Wasser hinzu. Dann mit dem Stabmixer fein mischen und abschmecken. Vor dem Servieren 1 bis 2 Esslöffel Zitronensaft in die Suppe geben. Bei Bedarf mit ein paar Tropfen fruchtigem Olivenöl servieren.

Trinkgeld

Die Suppe kann am Vortag ohne Qualitätsverlust zubereitet werden. Also die ideale Suppe zum Mittagessen im Büro.

ERBSENSUPPE

Portionen: 4

ZUTATEN

Teig

- 1 mittelgelbe Zwiebel
- 150 g Mehlkartoffel
- 180 g junge Erbsen frisch oder gefroren
- 1 EL Butter
- 750 ml Wasser
- Salz, Pfeffer und Chili
- 100 ml Schlagsahne
- optional Frankfurter Würstchen

VORBEREITUNG

Die Zwiebel fein hacken und in der Butter goldbraun
rösten, dann die geschälten und gewürfelten Kartoffeln

hinzufügen. Gießen Sie Wasser auf, fügen Sie Gewürze hinzu und kochen Sie bei mittlerer Hitze etwa 15 bis 20 Minuten lang. Bis die Kartoffeln weich sind, dann die Erbsen und die Schlagsahne hinzufügen. Weitere 5 Minuten kochen lassen, erneut abschmecken. Sobald das Gemüse weich ist, mit dem Stabmixer mischen.

Trinkgeld

Wenn Sie ein Paar Frankfurter Würstl in die Suppe schneiden, werden Sie auch den Fleischtiger glücklich machen. Ich brate die gehackten Würste immer in etwas Butter, dann schmecken sie noch besser.

Frühlingssalat mit geräuchertem Fisch und Senfcreme

Portionen: 4

ZUTATEN

- 1 Salat
- etwa 6 Radieschen
- 2oo g geräucherte Forelle oder Saibling
- Mariande
- 2 EL Olivenöl
- 1 EL Zitronensaft
- Salz-
- Senfcreme
- 3 EL Olivenöl
- 2 - 3 EL Zitronensaft
- 2 EL Creme Fraiche
- 2 Teelöffel Dijon-Senf

- 2 EL gehackte Petersilie
- Salz Pfeffer
- möglicherweise 1 Schuss heißes Wasser

VORBEREITUNG

Waschen Sie den Salat und schneiden Sie die Blätter mundgerecht. Radieschen in Scheiben schneiden. Für die Senfcreme Zitronensaft, Senf und Salz gut mischen und dann mit einem kleinen Schneebesen im Öl einarbeiten, bis es emulgiert. Creme Fraiche, Petersilie und Pfeffer einrühren. Die Creme sollte eine dicke Konsistenz haben. Bei Bedarf können Sie sehr wenig heißes Wasser hinzufügen. Mischen Sie zuerst den Salat mit der Marinade aus Zitronensaft, Olivenöl und Salz und verteilen Sie ihn auf den Tellern. Dann kommt der geräucherte Fisch, in mundgerechte Stücke entbeint, und die Radieschen darüber. Zum Schluss die Senfcreme über den Salat verteilen. Dazu passen ein Baguette und ein Glas Grüner Veltliner.

Trinkgeld

Wenn Sie möchten, können Sie auch dünn geschnittene hinzufügen .ungeschälte Gurke, die auch sehr gut harmoniert.

SOMMERSALAT MIT CHANTERELLES & PAPRIKA

Portionen: 4

ZUTATEN

- Salat
- 250 g frische Pfifferlinge (Pfifferlinge)
- 1 roter spitzer Pfeffer
- 1 kleiner Salat
- 1 EL Olivenöl
- 1 EL Weißwein-Balsamico-Essig
- Butter zum Braten
- Salz Pfeffer
- Chili-Mayonnaise
- 1 Eigelb
- 1 - 2 Teelöffel heißer Senf
- Salz & Chili

- 2 Teelöffel Zitronensaft
- 1/8 L Mais oder Sonnenblumenöl
- 2 cl Schlagsahne
- 1 kleiner Schuss heißes Wasser

VORBEREITUNG

Salat

Waschen Sie den Salat und reinigen Sie die Pfifferlinge, falls erforderlich, spülen Sie sie schnell unter fließendem Wasser ab. Schneiden Sie die Paprika in sehr kleine Würfel und teilen Sie die Pilze nach Bedarf in mundgerechte Stücke. 1 Esslöffel Butter in einer Pfanne erhitzen und die Pilze einige Minuten darin rösten, bis kein Wasser mehr austritt. Dann mit Salz und Pfeffer würzen. Ein Stück Butter in einer anderen Pfanne schmelzen und die gewürfelten Paprikaschoten einige Minuten rösten, bis sie weich sind. Vor dem Servieren den Salat leicht mit etwas Marinade aus Olivenöl, Balsamico-Essig und etwas Salz vormarinieren. Erst dann die gebratenen Pfifferlinge, gewürfelten Paprika und schließlich die Chili-Mayonnaise darüber.

Chili-Mayonnaise

Alle Zutaten müssen Raumtemperatur haben, damit die Mayonnaise nicht gerinnt. Das Eigelb mit Zitronensaft, Senf, Salz und Chili mischen, langsam das Öl einfüllen und untermischen - sobald die Mayonnaise dick wird, ist sie fertig, wieder würzen. Mit flüssiger Schlagsahne und etwas heißem Wasser zu einer Salatsauce verdünnen.

Trinkgeld

Wenn es um Paprika geht, verwende ich immer spitze Paprika, sie haben eine viel dünnere Haut und müssen nicht geschält werden.

CREME DER SPINACH-SUPPE MIT POACHED EGG

Portionen: 4

ZUTATEN

- 350 g frischer Spinat
- 1 kleine gelbe Zwiebel
- 1 EL Weizenmehl
- 1 EL Butter
- 1/8 l Wasser
- 1/2 l Milch
- 1 Schuss Schlagsahne
- Salz & weißer Pfeffer
- Muskatnuss
- 2 Knoblauchzehen
- 4 Eier

VORBEREITUNG

Die Zwiebel sehr fein hacken und in der Butter hellbraun rösten. Dann wird das Mehl hinzugefügt. Es sollte auch etwas Farbe annehmen. Mit einem Schneebesen gut umrühren, damit sich keine Klumpen bilden, nach und nach das Wasser und dann die Milch einfüllen. Erst dann geht der gereinigte, gewaschene und grob gehackte Spinat in die Suppe. Fügen Sie das Salz und den fein gehackten Knoblauch hinzu. Bei mittlerer Temperatur einige Minuten köcheln lassen, bis der Spinat zusammengebrochen ist und die Blätter weich sind. Dies dauert ungefähr 10 Minuten. Mit Pfeffer und frisch geriebener Muskatnuss würzen. Nehmen Sie den Herd ab und mischen Sie die Suppe mit dem Stabmixer cremig. Nochmals mit allen Gewürzen würzen und je nach gewünschter Cremigkeit ein oder zwei Spritzer Schlagsahne hinzufügen.

Pochierte Eier

Für jedes Ei eine Kaffeetasse mit einem großen Stück Frischhaltefolie auslegen. Auf jeder Seite über der Kante sollte sich 15 cm Film befinden. Die ausgekleidete Tasse mit 3 Tropfen Neutralöl bestreichen. Dann legen Sie ein zerbrochenes Ei in jede der Tassen. Binden Sie nun die beiden Enden der Folie zusammen. Der selbstgemachte Sack darf keine Luftblasen mehr enthalten. Bringen Sie einen kleinen Topf mit viel Wasser zum Kochen. Sobald das Wasser kocht, nehmen

Sie es von der Kochplatte und legen Sie das Ei ein. Das Ei dauert 3 Minuten. Während dieser Zeit sollte sich das Protein setzen. Nehmen Sie dann das Ei heraus und schneiden Sie den Knoten vorsichtig mit einer Schere ab und nehmen Sie das Ei aus der Folie. Schieben Sie es am besten direkt in die Suppe.

Trinkgeld

Sie können diese Suppe auch mit Mangold machen

LÖSCHEN SIE DIE GEMÜSE-SUPPE MIT CRISPY-SCHNITTEN AUS DER LINKSKÜCHE

Portionen: 4

ZUTATEN

- 2 mittelgroße Zwiebeln
- 300 g Karotten (und gelbe Rüben)
- 100 g Sellerie
- 100 g Lauch
- 2 getrocknete Tomaten oder 1 frische Tomate
- 2 Liter Wasser
- 2 Teelöffel Salz
- 1 Teelöffel zerkleinerter Kümmel oder Kümmelpulver

- 15 bis 20 schwarze Pfefferkörner
- 2 Lorbeerblatt
- 1/2 Bund Petersilie
- Sojasauce
- Knusprige Schnitte
- 150 g abgestandenes Weißbrot
- 2 mittelgroße Eier
- 2 EL Schlagsahne oder Milch
- Salz-
- Sonnenblumenöl zum Braten
- Schnittlauch

VORBEREITUNG

Suppe

Die Zwiebel mit der Haut halbieren und in einem großen Topf ohne Fett anbraten, erst dann Wasser hinzufügen. Dann werden das gereinigte und grob geschnittene Gemüse (außer der Petersilie) und die Gewürze hinzugefügt. Das Ganze bei mittlerer Temperatur bei geschlossenem Deckel 1 bis 1 1/2 Stunden köcheln lassen. Fügen Sie die Petersilie 15 Minuten vor dem Ende der Garzeit hinzu. Nach dem Kochen ist das Gemüse sehr weich. Es ist am besten, das Gemüse gut durch ein Sieb zu drücken, damit kein Geschmack verloren geht. Sie können die Suppe mit einem kleinen Schuss Sojasauce abrunden.

Knusprige Schnitte

Schneiden Sie das Weißbrot in mundgerechte Stücke. Schlagen Sie die Eier mit der Schlagsahne und fügen

Sie ein wenig Salz hinzu. Tauchen Sie das Brot in die Eimischung. Geben Sie genug Sonnenblumenöl in eine Pfanne, um den Boden zu bedecken. Die eingetauchten Brotscheiben im heißen Fett auf jeder Seite goldbraun braten. Auf Küchenpapier abtropfen lassen und noch heiß in die Suppe geben. Mit Schnittlauch bestreut servieren.

Trinkgeld

Sie können das Gemüse je nach Jahreszeit variieren. Petersilienwurzel oder Sellerie schmecken auch gut. Sie können die Suppe auch noch weiter reduzieren, sodass Sie eine intensive Gemüsebrühe erhalten, mit der Sie auch feine Saucen herstellen können.

CREME DER KARTOFFELSUPPE MIT STREMEL LACHS

Portionen: 4

ZUTATEN

- 1 mittelgelbe Zwiebel
- 500 g Mehlkartoffeln
- 1 EL Butter
- 1 Schuss weißer Balsamico-Essig
- 1 Liter Wasser oder klare Gemüsesuppe
- 1 Lorbeerblatt
- 1 Prise gemahlener Kümmel
- Salz & weißer Pfeffer
- 1/8 l saure Sahne
- 100 g Stremel Lachs
- Petersilie

VORBEREITUNG

Kartoffeln schälen und in Würfel schneiden. Zwiebel fein hacken und in Butter anbraten, Kartoffelstücke dazugeben und kurz rösten. Mit einem Schuss Essig auslöschen. Gießen Sie Wasser oder Suppe darüber. Salz, Pfeffer und die restlichen Gewürze in die Suppe geben. Bei mittlerer Hitze kochen, bis die Kartoffeln weich sind. Dann die Kartoffeln mit einem Kartoffelstampfer pürieren. Die saure Sahne einrühren und nochmals abschmecken. Mit etwas gehackter Petersilie und einem Stück Lachs als Beilage servieren.

Trinkgeld

Sie können die gekochten Kartoffeln auch durch eine Kartoffelpresse drücken. Sie sollten den Stabmixer oder Mixer vermeiden. Leider kommt es sehr schnell vor, dass die Konsistenz der Kartoffeln wie Paste wird.

Zwiebelsuppe mit Käsekrusten

Portionen: 4

ZUTATEN

Suppe

- 350 g gelbe Zwiebel
- 3 EL Butter
- 2 EL Mehl
- Salz Pfeffer
- 2 Lorbeerblatt
- 1 Gewürznelke
- 1, 2 l Rindfleischsuppe oder Wasser
- 1 Schuss Cognac
- Käsekrusten
- 80 g Bergkäse oder anderer starker Hartkäse
- 8 kleine Scheiben Baguette

VORBEREITUNG

Zwiebeln schälen, halbieren und in sehr feine Ringe schneiden. 10 Minuten bei mittlerer Temperatur in der Butter rösten. Dann mit dem Mehl bestäuben und weiter rösten, bis das Mehl so dunkelbraun wie möglich ist. Erst dann Suppe oder Wasser hinzufügen. Nach Bedarf salzen und pfeffern (ob Suppe oder Wasser). Dann Lorbeer und Nelke hinzufügen. 30 Minuten köcheln lassen. Vor dem Servieren die Suppe mit einem kleinen Schuss Cognac verfeinern.

KÄSEKRUSTELN

Den Bergkäse fein reiben und auf leicht gerösteten Baguettescheiben verteilen. Bei 200 Grad auf der oberen Schiene im Ofen einige Minuten backen, bis der Käse geschmolzen ist. Legen Sie die Käsekrusten vor dem Servieren auf die heiße Suppe.

Trinkgeld

Wenn Sie zu Hause keinen Cognac haben, können Sie die Suppe auch mit einem trockenen Sherry parfümieren. Anstelle von Weißbrot kann auch Schwarzbrot für die Käsekrusten verwendet werden.

VIENNESISCHER HERRING-SALAT

Portionen: 4

ZUTATEN

Heringsalat

- 300 g Wachskartoffeln
- 350 g eingelegter Bismarck-Hering
- 150 g Heringsfilets
- 4 - 5 EL gehackte Zwiebel aus der Heringsmarinade oder eine kleine frische Zwiebel
- 150 g saurer Apfel (1 mittelgroßer Apfel)
- 1 Teelöffel Zitronensaft
- ca. 200 g gekochte weiße Bohnen
- 3 - 4 mittelgroße süß-saure Gurken

- 2 EL Kapern
- 1 Sardellenfilet
- Pfeffer (möglicherweise Salz)

Mayonnaise

- 1 Eigelb
- 1/8 l Sonnenblumenöl
- Salz Pfeffer
- 1 - 2 Teelöffel Estragonsenf
- 1 Teelöffel Estragonessig oder Zitronensaft
- 1/8 l saure Sahne

einstellen

- 4 Fäuste Lammsalat
- 2 EL Weinessig
- 2 EL Sonnenblumenöl
- 2 hart gekochte Eier
- Salz Pfeffer

VORBEREITUNG

Heringsalat

Die Kartoffeln in der Schale kochen und abkühlen lassen. Zusammen mit dem Fisch schälen und in kleine Würfel schneiden. Den Apfel schälen und den Kern entfernen, mit etwas Zitronensaft beträufeln, damit er nicht braun wird und auch in kleine Stücke schneiden. Mischen Sie den Fisch, die Kartoffeln, die Apfelstücke, die weißen Bohnen und die fein gehackten Zwiebeln zusammen. Dann die Kapern, Gurken und das Sardellenfilet fein hacken und zum Salat geben.

Mayonnaise

Für die Mayonnaise das raumwarme Eigelb mit den Gewürzen mischen. Dann das Öl bei Raumtemperatur tropfenweise mit dem Mischer einrühren. Wenn die Mayonnaise fest wird, erhöhen Sie den Ölfluss. Mit der sauren Sahne mischen und in den Heringssalat einrühren. Am besten den fertigen Heringsalat über Nacht in den Kühlschrank stellen und vor dem Servieren nochmals abschmecken.

einstellen

Nehmen Sie den Heringssalat eine halbe Stunde vor dem Servieren aus dem Kühlschrank, damit es nicht zu kalt wird. Mischen Sie den Lammsalat oder den Salat mit einer Marinade aus Weinessig, Sonnenblumenöl und etwas Salz. Den grünen Salat mit dem Heringssalat und ein paar Eischeiben servieren. Dazu gehört traditionell eine knusprige Rolle.

Trinkgeld

Wenn Sie keinen Bismarck-Hering bekommen, können Sie bei Bedarf auch einen klassischen eingelegten Hering aus dem Kühlregal nehmen. Gleiches gilt für die Heringsfilets. Wenn Sie Matjes hinzufügen, müssen Sie den Heringssalat oft gar nicht salzen, da die Filets normalerweise sehr stark gesalzen sind.

VOGELSALAT MIT KÄFERBOHNEN & SPECK

Portionen: 2

ZUTATEN

- 250 g Wachskartoffeln (2 mittelgroße)
- 1 mittelrote Zwiebel
- 100 bis 125 g Salat
- 150 bis 200 g gekochte Käferbohnen
- 70 g Speck
- 2 kleine Scheiben „altes" Schwarzbrot
- 2 EL Butter
- 2 EL geröstete Kürbiskerne
- 1 bis 2 hart gekochte Eier

Dressing

- 3 EL Apfelessig

- 3 EL Rotweinessig
- 6 EL Kürbiskernöl
- Salz-

VORBEREITUNG

Die Käferbohnen über Nacht einweichen und am nächsten Tag ohne Salz weich kochen. Kochen Sie die Kartoffeln in ihrer Schale, schälen Sie sie noch warm und schneiden Sie sie in Scheiben. Zwiebel fein hacken und leicht in etwas Butter anbraten. Für das Dressing alle Zutaten gut vermischen. Die Kartoffeln, Käferbohnen und die Zwiebel vorsichtig mit der Hälfte des Dressings marinieren. Den Speck hacken und in etwas Butter anbraten. Kurz vor dem Servieren: Für die Croutons das Brot in kleine Würfel schneiden und ebenfalls in Butter anbraten. Den gewaschenen Salat mit dem Rest des Dressings marinieren. Den Vogelsalat zusammen mit den marinierten Kartoffeln oder Käferbohnen servieren. Mit Speck, Schwarzbrotcroutons und gerösteten Kürbiskernen bestreuen. Mit den hartgekochten Eischeiben dekorieren.

Trinkgeld

Steirische Käferbohnen sind auch in einer Dose in sehr guter Qualität erhältlich. Dies ist eine gute Alternative, wenn die Dinge schnell erledigt werden müssen.

ROTE LINSENSUPPE MIT TURMERIC

Portionen: 8

ZUTATEN

- 1 große oder 2 mittlere Zwiebeln
- 300 g rote Linsen
- 3 - 4 Esslöffel Olivenöl
- 2 Knoblauchzehen
- Apfelessig oder Hesperidessig
- 1 Teelöffel Kurkuma
- Chili
- Salz Pfeffer
- 2 EL Tomatenmark
- 1 - 1,5 Liter Wasser
- 100 g saure Sahne
- Petersilie

VORBEREITUNG

Waschen Sie die roten Linsen gründlich unter kaltem Wasser. Die Zwiebel in feine Würfel schneiden und in Olivenöl leicht anbräunen. Dann den geschälten und zerdrückten Knoblauch hinzufügen und ein wenig rösten. Mit dem Essig ablöschen und die Linsen hinzufügen. Gießen Sie Wasser auf. Die Linsen sollten abgedeckt sein. Fügen Sie die Kurkuma, Tomatenmark und die anderen Gewürze hinzu. 15 bis 20 Minuten bei mittlerer Temperatur weich kochen. Die Suppe mit dem Stabmixer fein mischen, nochmals abschmecken und schließlich mit einem Schneebesen in die saure Sahne einarbeiten. Mit Petersilie bestreut servieren.

Trinkgeld

Wenn Sie es scharf mögen, können Sie auch ein paar Speckwürfel rösten und über die Suppe streuen.

KRAUTSUPPE

Portionen: 4

ZUTATEN

- 500 g Weißkohl
- 1 mittelgroße Zwiebel
- 1 bis 2 gehackte Knoblauchzehen
- 1 EL Butter oder Sonnenblumenöl
- 1 Teelöffel Kristallzucker
- 1 Schuss Apfel- oder Hesperidessig
- 1 Liter Wasser
- 2 Teelöffel gemahlener Rosenpfeffer
- 2 EL Tomatenmark
- 1/2 Teelöffel Kümmelpulver
- 2 Lorbeerblätter
- Salz Pfeffer
- 250 g saure Sahne
- 1 Teelöffel Mehl

- optional: gebratene Speckwürfel

VORBEREITUNG

Die fein gehackte Zwiebel in der heißen Butter oder im Öl anbraten und den Zucker hinzufügen. Drehen Sie sich ein paar Mal um und gießen Sie Essig darüber, fügen Sie Paprikapulver und den fein gehackten Knoblauch hinzu. Nun den fein gehackten Kohl oder den Kohlschneider in die Suppe geben. Gießen Sie Wasser auf. Zum Würzen Kümmel, Lorbeerblätter, Tomatenmark, Salz und Pfeffer in die Suppe geben. 20 bis 25 Minuten köcheln lassen, bis der Kohl weich ist. Die saure Sahne mit dem Mehl glatt rühren und zur Suppe geben. Nochmals mit den Gewürzen würzen. Sie können die Suppe mit oder ohne gebratene Speckwürfel servieren. Oder du kannst sie pürieren. So erhalten Sie eine elegante Kohlsuppe, die aufgrund der veränderten Textur wieder anders schmeckt. Zwei verschiedene Suppen - mit nur einem Rezept. Guten Appetit.

Trinkgeld

Sie haben einen Wow-Faktor, wenn Sie die Suppe auf zwei Arten servieren - 1 x cremig und 1 x rustikal. Einfach die Hälfte der Menge pürieren. In kleinen Schüsseln serviert, macht es zu Beginn eines Wintermenüs einen großen Eindruck auf die Gäste.

RAKETENSALAT MIT GEBRATENEN ROTEN ZWIEBELN UND ROHEM HAM

Portionen: 4

ZUTATEN

- Salat
- 4 Fäuste Rucola
- 8 Blatt roher Schinken
- 2 bis 3 kleine rote Zwiebeln
- 2 EL Pinienkerne
- einige Parmesanspäne
- Olivenöl
- Dressing
- 3 EL Balsamico-Essig
- 2 EL Olivenöl

- Salz-

VORBEREITUNG

Salat

Die Pinienkerne in einer Pfanne hellbraun rösten. Die Zwiebel halbieren und jeweils 6 Keile schneiden. Die Zwiebel sehr dunkel in etwas Olivenöl anbraten. Wenn die Zwiebel fertig ist, heben Sie sie aus der Pfanne und halten Sie sie warm. Den Schinken in derselben Pfanne knusprig braten.

Dressing

Mischen Sie alle Zutaten für das Dressing. Mischen Sie die gewaschene Rakete mit dem Dressing. Dann schnell den marinierten Salat anrichten, mit dem warmen rohen Schinken, der Zwiebel, den Pinienkernen und einigen Parmesanspänen bestreuen und servieren.

Trinkgeld

Bei diesem Salat ist es wichtig, dass alle Zutaten direkt aus der Pfanne kommen und dass der Salat sofort serviert und gegessen wird, da sonst alles zusammenbricht.

KÄSE-DUMPLING-SUPPE

Portionen: 4

ZUTATEN

- 130 g Knödelbrot
- 1 mittelgekochte Kartoffel
- 1 Ei
- 2 EL Butter
- 1 kleine Zwiebel
- 100 ml Milch
- Salz, Muskatnuss, frische Petersilie
- 2 EL Mehl
- 100 g würziger Käse (zB Bergkäse)
- Geklärte Butter zum Braten
- Klare Gemüse- oder Rindfleischsuppe

VORBEREITUNG

Zwiebel fein hacken und in Butter anbraten. Abkühlen lassen. Die Salzkartoffeln sofort schälen und mit einer Gabel fein zerdrücken. Die Milch mit dem Ei schlagen, mit Salz, Muskatnuss und Petersilie würzen. Mischen Sie die Eimilch mit den Brotknödeln, den Kartoffelpürees und den Zwiebeln. Zum Schluss 2 Esslöffel Mehl hinzufügen und den Käse in kleine Würfel schneiden. Lassen Sie die Mischung ca. 20 Minuten ruhen. Dann kleine Knödel (ca. 8 Stück) formen und zu flachen Pastetchen pressen.

Die geklärte Butter in einer Pfanne erhitzen und die Pastetchen darauf legen. Bei mittlerer Hitze ca. 10 Minuten goldbraun backen. Servieren Sie entweder in einer klaren Rind- oder Gemüsesuppe mit viel Schnittlauch. Oder Sie essen es mit einem frischen, knusprigen Salat - dann ist es einfach knusprig.

Trinkgeld

Dies ist ein ideales Rezept für die Verwendung von alten Brötchen und Weißbrot. Stellen Sie sicher, dass Sie das Gebäck schneiden, bevor es vollständig trocken ist.

Kastanien-CAPPUCCINO

Portionen: 4

ZUTATEN

- Suppe
- 200 g Kastanien (vakuumversiegelt)
- 100 ml Schlagsahne
- 50 g Knollensellerie
- Butter
- ca. 500 ml Wasser
- Salz Pfeffer
- Muskatnuss
- Toast

VORBEREITUNG

Den geschälten Sellerie in kleine Würfel schneiden und in etwas Butter rösten. Dann die Kastanien und das Salz hinzufügen, mit Wasser bedecken und kochen, bis alles weich ist. Dies dauert ungefähr 15 Minuten. Dann die Schlagsahne, etwas geriebene Muskatnuss und Pfeffer hinzufügen. Kurz zum Kochen bringen. Dann mit dem Stabmixer fein mischen. Wenn die Suppe zu dick ist, etwas mehr Wasser hinzufügen und abschmecken. Und das ist es. Ich gebe jeder Tasse einen weiteren Tupfer, es sieht noch schöner aus.

Die Suppe wird am besten mit einem Stück Toast serviert. Mit dem Weihnachtsmenü sieht es gut aus, wenn Sie mit der Keksform einen Stern aus dem Toast schneiden und mit der Suppe servieren.

Trinkgeld

Da diese Suppe sehr reichhaltig ist, serviere ich sie in kleinen Tassen - als Cappuccino. Es sieht auch sehr elegant aus. Wenn Sie die Suppe nicht als kleinen Gang im Menü, sondern als „normale" Portionen servieren, verdoppeln Sie bitte die Menge. Niemand sollte vernachlässigt werden.

SALAT MIT KARAMELISIERTEN HERBSTGEMÜSE & KARTOFFELBLINIS

Portionen: 4

ZUTATEN

Karamellisiertes Gemüse

- 180 g Kürbis (ohne Haut)
- 180 g Pastinaken (ohne Schale)
- 1 EL Butter
- 1 EL Olivenöl
- 1 Teelöffel brauner Zucker
- Salz-
- Kartoffelblinis

- 200 g Mehlkartoffeln
- 1 Ei
- 1 Teelöffel Creme Fraiche
- Butter
- Muskatnuss
- etwas Zitronenschalenschale
- Salz Pfeffer
- Salat
- 1 kleiner Salat
- 3 EL Olivenöl
- 2 EL weißer Balsamico-Essig
- 1 EL Zitronensaft
- Salz-
- 2 EL Sonnenblumenkerne

VORBEREITUNG

Karamellisiertes Gemüse

Kürbis und Pastinaken in mundgerechte Stücke schneiden. Erhitzen Sie die Butter und das Öl in einem großen holländischen Ofen und fügen Sie dann den Zucker hinzu. Fügen Sie das Gemüse hinzu und würzen Sie es mit Salz. Abdecken und ca. 15 Minuten bei mittlerer Temperatur köcheln lassen. Zwischendurch immer wieder umrühren. Das Gemüse sollte gebräunt und nicht zu weich sein.

Kartoffelblinis

Kochen Sie die Kartoffeln in ihren Schalen. Wenn Sie fertig sind, lassen Sie es verdunsten und schälen. Drücken Sie durch die Kartoffelpresse, solange es noch heiß ist. Mischen Sie die Creme Fraiche mit dem Ei und den Gewürzen und mischen Sie sehr schnell mit der Kartoffelmischung. Bilden Sie kleine Taler und braten Sie sie in Butter bei mittlerer Temperatur. Die Blinis sollten eine goldene Farbe haben.

Finale

Den gewaschenen Salat mit dem Dressing marinieren und mit dem lauwarmen Gemüse, den gerösteten Sonnenblumenkernen und den frischen Blinis servieren.

Trinkgeld

Die Kartoffeln werden schnell zu Paste, wenn sie zu lange gerührt werden. Daher ist es wichtig, die Crème Fraiche vorher gut mit den anderen Zutaten zu mischen.

RUSTIC PUMPKIN SOUP

Portionen: 4

ZUTATEN

- 1 große Zwiebel
- 1 EL Butter
- 1 Hokkaido-Kürbis (ca. 1 kg ungeschält)
- etwa 800 ml Wasser
- 1 Teelöffel süßes Paprikapulver
- Mahlen Sie 1/2 Teelöffel Kümmel
- 2 EL getrockneter Majoran
- 3 EL Tomatenmark
- 2 Lorbeerblatt
- 1 Schuss Hesperidessig
- 1 Schuss Schlagsahne
- Salz, Pfeffer, Chiliflocken

VORBEREITUNG

Zuerst den Kürbis schälen, die Samen entfernen und alles in kleine Stücke schneiden. Ich brate die fein gehackte Zwiebel in der Butter, bis sie schön braun ist, und brate dann kurz das Paprikapulver und die Kürbiswürfel an. Alles wird mit dem Essig gelöscht. Dann gehen das Wasser und die restlichen Gewürze in die Suppe. Ich lasse das Gemüse 15 bis 20 Minuten bei mittlerer Flamme köcheln. Nur bis der Kürbis weich ist. Kurz zuvor füge ich der Suppe einen Schuss Schlagsahne hinzu. Dann entferne ich die Lorbeerblätter und mische die Suppe sehr fein mit dem Stabmixer. Dann wird alles wieder gewürzt. Ich serviere die Suppe mit einem Hauch Kürbiskernöl und wenn ich älteres Schwarzbrot habe, mache ich daraus Croutons.

Trinkgeld

Geröstete Kürbiskerne sind die klassische Beilage. Die Suppe schmeckt auch gut mit gerösteten Sonnenblumenkernen.

WINTERGEMÜSE-SUPPE

Portionen: 4

ZUTATEN

- 250 g Pastinaken
- 250 g Wachskartoffeln
- 150 g Karotten
- 1 mittelgroße Zwiebel
- 2 EL Butter
- 2 bis 3 Esslöffel Sauerrahm
- 1 Prise Kümmel
- 1 Lorbeerblatt
- Salz Pfeffer
- 1 EL getrockneter Majoran
- etwa 800 ml Wasser
- optional: 50 g Speck

VORBEREITUNG

Das gereinigte und geschälte Gemüse in kleine Würfel schneiden. Die Zwiebel fein hacken und in Butter goldbraun rösten. Dann fügen Sie die Kartoffelwürfel hinzu. Gießen Sie Wasser auf und fügen Sie die Gewürze hinzu. Nach 5 Minuten die Karotten und Pastinaken in die Suppe geben. Nach 10 bis 15 Minuten ist das Gemüse weich, würzen Sie die Suppe erneut und rühren Sie die glatt gerührte saure Sahne vorsichtig ein. Den Speck in sehr kleine Würfel schneiden und in einer Pfanne mit etwas Butter sehr knusprig braten. Über die Suppe streuen und mit einer in dünne Scheiben geschnittenen Suppe genießen.und geröstetes Schwarzbrot.

Trinkgeld

Sie können zur Änderung auch Petersilienwurzel verwenden. Entweder zusätzlich oder anstelle der Pastinaken.

ZUCCHINI-SALAT MIT FETA

Portionen: 4

ZUTATEN

Teig

- 1 Zucchino (ca. 400 g)
- Olivenöl zum Braten
- Salz Pfeffer
- 3 - 4 Esslöffel weißer Balsamico-Weinessig
- 100 g Feta
- 2 EL Sonnenblumenkerne
- Petersilie

VORBEREITUNG

Den Zucchino in sehr dünne Scheiben schneiden, die größeren Scheiben halbieren. In Olivenöl braten, bis beide Seiten weich und leicht gebräunt sind. Salz,

Pfeffer und mit dem Balsamico-Essig marinieren. Die Sonnenblumenkerne leicht in etwas Öl anbraten. Streuen Sie den Salat je nach Geschmack lauwarm oder gekühlt mit Feta, Sonnenblumenkernen und etwas gehackter Petersilie. Mit geröstetem Schwarzbrot als kleine Vorspeise servieren.

Trinkgeld

Ein paar Tage altes Brot ist besser als frisches Toastbrot. Zur Abwechslung können Sie auch ein paar Schwarzbrotcroutons über den Salat streuen.

Gurken- und Kartoffelsalat mit Rohschinken

Portionen: 2

ZUTATEN

Teig

- 250 g saure Sahne
- 1 große Gurke
- 300 g Kartoffeln
- 50 g Speck
- 2 - 3 Esslöffel Hesperidessig
- 2 EL Sonnenblumenöl
- 1 Prise Kümmelpulver
- 1 EL Dill getrockneter oder frischer Dill
- Salz & Pfeffer & Chili

VORBEREITUNG

Lassen Sie die in der Haut gekochten Kartoffeln abkühlen und schälen und in feine Scheiben schneiden. Gurke schälen und fein schneiden. Essig, Öl und Gewürze gut vermischen und über die Kartoffeln und die Gurke gießen. Alles mit der Schlagsahne mischen und erneut mit den Gewürzen würzen. Den Speck in kleine Stücke schneiden und in etwas Butter rösten. Leicht abkühlen lassen und über den Gurkensalat streuen.

Trinkgeld

Die Gartengurken enthalten normalerweise viele Samen, die ich herausgebe. Das Gurkenwasser entleere ich jedoch nicht, es bleibt bei mir im Salat.

FAZIT

FETTFALLE WURST SALAT

Selbst wenn Salate als besonders kalorienarm gelten, sollten Sie nicht jeden ungehemmt schlagen. Ein Teller Wurstsalat ist alles andere als kalorienarm. Es kommt auf den Inhalt an und nicht auf den Namen. Wenn das Dressing Sahne oder Mayonnaise anstelle von gesunden und leichten Zutaten wie Joghurt und Zitronensaft enthält, wird der angeblich leichte Snack zu einer Kalorienbombe. Ebenso verwandeln Thunfisch, Sardellen, Feta oder Mozzarella einen Salat in ein fettreiches Hauptgericht. Für die Figur ist ein knuspriger Gartensalat mit leichtem, hausgemachtem Dressing besser als beispielsweise Wurst- oder Nudelsalat mit Mayonnaise oder Tomaten-Mozzarella-Salat.

CREME MACHT DIE SUPPE FETT

Suppen gelten neben Salat auch als schlankes Essen. Allerdings hilft nicht jede Suppe beim Abnehmen. Wesentliche Zutaten wie Sahne und Speck machen sie zu einem geheimen Mastfutter. Selbst wenn die Crème Fraîche verfeinert werden muss, nehmen wir unbewusst sehr schnell viele Kalorien auf. Wenn Sie auf Ihr Gewicht achten möchten, löffeln Sie anstelle von cremigen Suppen und herzhaften Eintöpfen leichte Gemüsesuppen oder fettarme Fleischbrühen wie Rinderbrühe. Wenn Sie einen Stabmixer haben, können

Sie Gemüse ohne Sahne zu einer cremigen Suppe verarbeiten.

Lightning Source UK Ltd.
Milton Keynes UK
UKHW020658210521
384116UK00005B/46